AF337540

ÉTUDE

SUR LES

AMBULANCES DE GUERRE

ET

LES HOPITAUX

PAR

Édouard GUERETTE

INGÉNIEUR

ARGENTEUIL

—

IMPRIMERIE P. WORMS

ÉTUDE SUR LES AMBULANCES DE GUERRE

Avant la Révolution française les armées avaient ce qu'on a appelé des hôpitaux ambulants, mais ils étaient insuffisants et rendaient peu de services, car les règlements militaires prescrivaient aux ambulances de stationner à une lieue du combat. Les secours après la bataille arrivaient lentement. L'armée en déroute était privée de ses ambulances, car c'étaient celles-ci qui battaient en retraite les premières.

En 1793, le docteur Larrey, chef du service de santé, inventa le premier les ambulances volantes qu'on adopta pour toutes les armées de la République. Ce fut en 1797 qu'elles furent mises à l'épreuve lors de la guerre d'Italie. Les résultats qu'on en obtint furent excellents.

En 1854 vint la compagne de Crimée. Cette guerre a fortement fait avancer les études de l'hygiène hospitalière. Michel Lévy, médecin-inspecteur des armées d'Orient, est l'un des savants qui ont le plus contribué à la réorganisation des hôpitaux de guerre. C'est lui qui fit construire à la pointe de la Corne-d'or un ensemble de baraquements qui aida si puissamment à combattre le typhus, le scorbut et le choléra. Cette date est aussi celle où l'on voit des services civils de santé s'établir à côté de ceux des armées. Dès le début des hostilités une princesse impériale donna un admirable exemple de charité. Madame la grande-duchesse Hélène Paulauwna de Russie partit pour la Crimée accompagnée d'un bon nombre de dames de la haute aristocratie russe. La grande-duchesse et ses nobles compagnes s'étaient faites infirmières.

Honneur à ces cœurs généreux.

Ce bel exemple fut suivi. Dès lors un plus grand nombre de malades et de blessés reçurent des soins. Les maisons particulières s'ouvrirent et se transformèrent en hôpitaux.

Mais il n'y avait pas encore d'unité dans le service général de santé.

C'est alors en 1854 que M. Henri Dunnant conçut l'idée d'une société de secours. L'œuvre de la croix rouge était créée.

Le service hospitalier fut fait en partie par la bienfaisance privée. L'idée grande et généreuse de M. Dunnant marchait.

Elle prospéra et en 1870-71, j'ai pu par moi-même me rendre compte des immenses bienfaits qu'un service de santé bien organisé et travaillant à côté du service militaire procure aux malades et aux blessés.

La Société internationale de secours a été instituée pour aider, soulager le service médical militaire, généralement remarquable par son dévouement et la vaillance de ses membres, mais notoirement insuffisant par le nombre de son personnel et par les moyens dont il dispose.

La Société internationale de secours a encore cette utilité, c'est qu'elle est un centre vers lequel vient rayonner toute la bienfaisance des peuples. Le donneur sait que son obole sera employée selon son intention. C'est là une grande garantie pour la charité.

Pour montrer que le service médical militaire est insuffisant en temps de guerre, ouvrons le bulletin médical militaire français.

Nous y voyons qu'au 1er avril 1870, le corps de santé se compose de :

423 médecins employés dans les services hospitaliers ;
586   —   —   —   régimentaires.

L'armée française était au 1er janvier 1869 de 441,437 hommes.

Cela donne pour le temps de paix une proportion de 1 médecin pour 437 hommes.

Mais en temps de guerre la proportion est modifiée.

En effet, l'effectif de l'armée augmente et le nombre de médecins reste le même.

Ainsi en France un régiment en temps de guerre, si je ne me trompe, a 3,000 hommes. Si on place un médecin au dépôt, selon l'usage, il ne restera plus que un médecin pour 1,500 hommes.

Voyons si en Allemagne le nombre des médecins militaires est plus grand et surtout si ce nombre est satisfaisant.

En Prusse on compte dans le service régimentaire 6 médecins par régiment d'infanterie, c'est-à-dire le double de ce que la France a, et trois par régiment de cavalerie, c'est-à-dire un tiers de plus pour l'armée française. Les blessés dans la campagne de 1866 contre les Autrichiens ont été au nombre de 13,731 ; il y a eu 2,553 tués ; cela fait donc un médecin d'ambulance pour 340 hommes d'effectif et pour 17 blessés. Avec les malades (64,191), on a un total de 95 malades ou blessés par chaque médecin d'ambulance en trois mois.

Si le corps médical militaire français a été de beaucoup insuffisant pendant la guerre de 1870-71, celui de l'Allemagne quoique mieux organisé, je me plais à le reconnaître, et mieux fourni de matériel, était aussi trop faible en nombre. Je crois que la manière rapide avec laquelle on fait la guerre actuellement met les services médicaux militaires, quelque nombreux qu'ils soient, dans l'impossibilité de satisfaire aux nécessités des besoins.

Aussi, à côté d'eux doit-on encourager les ambulances privées, mais cependant on doit les soumettre à une organisation complète, sérieuse et sévère, afin de pouvoir en tirer tout le bien qu'elles sont susceptibles de faire.

En 1870-71 nous avons vu de grands dévouements et des sommes énormes arriver de toutes parts dans les caisses de la Société de secours aux blessés. En France, les différentes sociétés de médecins ont, pendant la guerre Franco-Allemande, suspendu leurs travaux ordinaires pour ne s'occuper que de l'organisation des soins nécessaires à donner aux blessés et aux malades. Ces sociétés se sont temporairement transformées en associations de secours.

La plupart des ambulances particulières et toutes celles de la Société internationale, eurent une organisation calquée sur celles de la chirurgie militaire française. Chacune d'elles se composait :

De 1 chirurgien en chef;

De 4 chirurgiens ;

De 10 aides chirurgiens;

De 12 sous-aides;

De 1 aumônier;

De 1 comptable et des adjoints.

Des infirmiers et des conducteurs d'attelage.

A chacune des ambulances de la Société internationale, le ministre de la guerre français désignait un corps d'armée auquel elle devait se rendre. Mais ce dispositif était insuffisant. On a manqué partout, tant dans les ambulances allemandes que dans les françaises, d'unité de direction, cette force si nécessaire sans laquelle une grande entreprise ne peut réussir. Cependant nous devons dire que le service chirurgical allemand était de beaucoup supérieur à celui des Français.

Ce n'est que vers la fin de la guerre qu'il faut étudier les ambulances, leur matériel, leurs dispositions, leur organisation, leurs ressources.

Le point le plus important pour les ambulances mobiles est celui des ressources. Il faut qu'elles puissent à certains moments disposer de très-fortes sommes. Les dons étaient considérables, mais hélas! beaucoup d'ambulances, pour ne pas dire toutes, ont eu des moments de disette complète, surtout quand elles tombaient dans les lignes ennemies et qu'elles étaient livrées à leurs seules ressources. J'en ai vu dans un abandon presque complet faute d'une organisation convenable et puissante, comme celle qui devrait diriger le service de santé d'un pays.

Une question qui se présente et qu'il est important d'étudier, c'est la position que doit prendre une ambulance en campagne pour lui faire rendre le plus possible de services. Il ne suffit pas d'envoyer aux armées des médecins, des infirmiers et des médicaments, il faut encore savoir en tirer tout ce qu'ils peuvent donner. En 1870-71, c'était d'autant plus important que le service de santé de l'armée était de beaucoup insuffisant et que celui dû à l'initiative privée était loin de vivre dans l'abondance. Nous ajouterons que la haute direction des ambulances se faisait peu sentir et que, pour la plupart, les ambulances étaient quelque peu abandonnées à elles-mêmes.

Est-il nécessaire que toute l'ambulance au complet soit sur le champ de bataille?

Je ne le crois pas. Je pense même que son matériel peut être à certains moments un objet de gêne pour les mouvements des troupes. De plus, une ambulance complète sur le champ de bataille est-elle utile? Je ne le crois pas encore, je dirais même qu'elle s'expose inutilement à être faite prisonnière.

Il n'est pas nécessaire que toute l'ambulance soit sur le champ de bataille, parce que les pansements qu'on fait pendant la bataille ou immédiatement après la rencontre ne sont souvent que provisoires et très-simples. Ces ambulances partielles n'ont besoin que de pouvoir établir un abri avec lits et posséder de l'eau fraîche, de la charpie, des bandes, des tourniquets, des attelles, du diachylon, de l'eau blanche, du laudanum, du vin, de l'eau-de-vie, du camphre, du perchlorure de fer et un groupe peu nombreux de chirurgiens et d'infirmiers avec des bagages d'urgence permettant de faire des installations provisoires et donner les premiers soins requis. Le gros de l'ambulance peut rester en arrière avec le matériel, tout en se tenant continuellement en rapport avec le groupe qui opère sur le champ de bataille. De cette manière les infirmiers peuvent se porter en plus ou moins grand nombre sur les points qui demandent des secours. L'ambulance est au courant des mouvements des armées et sait tout ce qui se passe.

Le choix du personnel des ambulances surtout celles qui doivent évoluer sur les champs de bataille doit être fait avec sévérité. A mon avis, les femmes doivent être écartées entièrement des ambulances mobiles et être réservées pour les hôpitaux et les ambulances volontaires, là où elles peuvent rendre de très-grands services et où elles peuvent remplacer avec avantage beaucoup d'hommes.

Le personnel des ambulances mobiles doit être jeune, actif, intelligent et capable.

Jeune et actif, parce que les fatigues les plus rudes sont réservées à ces hommes dévoués. L'intelligence et le coup d'œil sont nécessaires après une bataille, attendu que généralement alors les soins à donner sont pressants et nombreux. Le chirurgien doit être capable pour exécuter immédiatement, convenablement et prestement les opérations qu'il a jugées être nécessaires.

Une ambulance volante, pour être dans des conditions convenables de mobilité et pour être capable de rendre le plus de services qu'on doit pouvoir demander de son installation, ne doit pas avoir plus de trois chirurgiens, une huitaine de médecins et les infirmiers et conducteurs de chevaux exclusivement indispensables parce que, après la bataille, si on a besoin de plus d'aides, on peut toujours s'en procurer.

Le matériel doit être assez considérable sans cependant causer de gêne aux troupes en mouvement. Quant aux éléments indispensables pour faire les premiers pansements, il est nécessaire de pouvoir en disposer en abondance.

L'organisation des ambulances allemandes sans être parfaite était très-belle et digne d'admiration.

Voici comment le service médical militaire prussien se faisait. Il était d'abord divisé en trois classes : *feld*, *krieg* et réserve *lazareth*.

La première catégorie d'ambulances manœuvrait sur le champ de bataille même et soignait toute espèce de blessés.

Aussitôt que ceux-ci étaient en état d'être transportés, on les évacuait sur les hôpitaux de la deuxième catégorie qui se trouvaient à une certaine distance en l'arrière de l'armée.

La troisième catégorie se composait des ambulances situées dans les villes voisines du lieu de l'action et recevait les blessés évacués des hôpitaux de la deuxième catégorie.

Les Allemands avaient pris aussi une excellente disposition, c'était de transporter, aussitôt que leur santé le permettait, les blessés par voie de chemin de fer dans l'intérieur de l'Allemagne.

Par ce moyen on disséminait les malades et les blessés sur une grande surface et on empêchait par là une accumulation trop grande d'hommes dans les hôpitaux.

De plus, les médecins et les personnes charitables éloignées du théâtre de la guerre pouvaient prêter leur concours bienfaisant et soulageaient ainsi les infirmiers attachés aux armées et diminuaient les charges de l'intendance et des ambulances.

Près de Berlin, pendant la guerre, on a construit un hôpital admirablement aménagé et pouvant contenir 1,500 malades.

Il était construit en bois et se composait de 50 chambres disposées en forme de V pouvant chacune loger 30 malades. Les bâtiments de l'administration étaient à l'intérieur du V.

Cet hôpital était directement relié avec l'Alsace, de sorte que les blessés relevés sur les champs de bataille arrivaient près de Berlin sans être transbordés.

On ne peut faire qu'un reproche à cette construction, c'est d'avoir été construite trop grande.

L'encombrement des hôpitaux peut amener le développement de l'infection putride. Aussi, doit-on veiller à ce que l'entassement des blessés n'ait pas lieu dans les grands hôpitaux. Autant que possible les petits lazarets sont les préférables et il faut, autant qu'on le peut, disséminer les malades et les blessés sur une grande surface.

Il est tard d'évacuer une ambulance quand l'air nosocomial est produit. Aussi, pour la France il aurait été bon de dégager les grands hôpitaux. En évacuant les blessés vers le Midi on aurait pu les répartir dans les différentes villes et villages.

A Paris, aux remparts, on avait adopté à peu près la même répartition des malades que les Allemands, c'est-à-dire que les ambulances de rempart organisées par la commission centrale d'hygiène au nom de la municipalité de Paris et sur la réquisition formelle du général gouverneur, relevaient les blessés des premières lignes et leur donnaient les premiers soins, puis les transportaient aux ambulances des deuxièmes lignes ou les renvoyaient si possible dans leur famille. Les malades, les blessés légèrement et les convalescents étaient recueillis dans les hôpitaux du centre de Paris.

A Paris, il y avait pendant le siége quatre espèces d'ambulances :

1° Les ambulances de l'intendance. Ce sont les succursales des hôpitaux militaires et reçoivent les malades des casernes;

2° Les ambulances de la Société internationale.

Celle du Palais de l'industrie était très-belle et très-bien organisée, mais elle comptait 1,200 lits. C'est trop. D'autant plus que le local se prêtait peu à cet usage, vu que l'aérage était indirect;

3° L'ambulance de la presse qui était fort bien aménagée et bien dirigée par le docteur Ricard ;

4° Les ambulances privées.

Celles-ci ont rendu certainement de vrais services, mais presque généralement elles refusaient les malades et n'acceptaient que des blessés, dans la crainte de la contagion. Elles n'avaient pas toujours un chirurgien à leur tête, mais bien un médecin. Un bon médecin peut être mauvais chirurgien, c'est pourquoi je voudrais voir diviser le service de santé en ambulances chirurgicales qui n'auraient que des blessés à soigner et en ambulances médicales où seraient évacués les malades et les soldats indisposés par les marches.

Ainsi on pourrait répartir avec plus d'utilité les membres du corps médical qui se mettent à la disposition des ambulances. Ainsi on ne verrait plus d'excellents médecins faire de mauvaises opérations. La répartition des médecins se

ferait avec intelligence et selon les aptitudes et les spéciali-
tés de chacun. Les chirurgiens seraient enrôlés dans les ambulances volantes et toutes celles qui manœuvrent directement sur les champs de bataille. Les médecins formeraient
des ambulances qui seraient continuellement sur l'arrière
des troupes et seraient même en rapport avec elles.

Par cette disposition, laquelle d'ailleurs a quelque res-
semblance avec ce qui se faisait chez les Allemands, les soldats malades ou légèrement blessés par les longues marches
pourraient être recueillis et immédiatement soignés. Les Allemands, en général, emploient le plus possible les moyens
de transport. Aussi les hommes blessés aux pieds ou les malades de fatigue sont-ils placés sur des chariots réquisition-
nés souvent pour porter les sacs des soldats.

Les ambulances médicales seraient aussi chargées de prendre les mesures hygiéniques nécessaires après le passage
des troupes et assainiraient les fosses des morts.

Cette question de l'assainissement des hôpitaux et des
champs de bataille est des plus importantes au point de vue
de l'hygiène des villes et des villages.

La guerre Franco-Allemande a procuré les éléments les
plus nombreux pour étudier avec fruit l'organisation et la
construction des diverses espèces d'ambulances.

Dès le début des hostilités on voyait s'élever à Berlin sous
la direction du docteur conseiller Esse et dans un grand nombre de villes, des hôpitaux-barraques les mieux organisés et
répondant admirablement par leurs bonnes dispositions à
toutes les exigences de l'hygiène.

Avant de construire une ambulance ou bien avant d'adop-
ter un local pour y soigner des blessés ou malades, il faut
en premier lieu examiner la question de l'aération. Que de
fois n'ai-je pas vu avec peine de pauvres malades recueillis
dans des maisons les plus malsaines ne répondant à presque
aucune des règles de l'hygiène.

S'il n'y a pas dans le lieu où on doit établir une ambulance, de bâtiments assez vastes pour qu'on soit certain d'y
avoir une ventilation suffisante, il est de beaucoup préférable

de soigner ses malades à l'air, sous des tentes, que de les exposer à l'infection.

Les locaux reconnus les meilleurs pour ambulances sont les barraques. Pendant la dernière guerre on a construit beaucoup de ces hôpitaux temporaires, mais on ne leur a pas toujours donné les aménagements désirés.

Les matériaux doivent être choisis de manière à ce qu'ils ne retiennent pas les sporules contagieuses. Le bois est généralement employé. Je donne la préférence au sapin, quoiqu'il soit poreux. Parce que outre ses qualités on peut facilement remédier à son défaut de porosité.

En effet, une couche d'eau de goudron, de créosote ou de sulfate de cuivre le mettrait dans de bonnes conditions pour être employé à la construction des ambulances.

Le plancher préférable est, je crois, comme je l'ai vu en France, la terre battue et non un faux plancher comme j'en ai rencontrés, parce qu'on doit éviter le plus possible d'avoir des endroits où l'air peut s'accumuler et où il peut devenir un foyer d'infection.

Il est bon de choisir pour cloison ainsi que pour parois extérieures les planches les plus larges, afin d'avoir le moins de joints possible.

Outre la cloison de planches, les Allemands couvraient les parois de gros papier ou de toile. De plus, l'hiver ils établissaient un second revêtement soit en planches, soit en toile ou en papier sur la partie intérieure des poteaux.

De sorte qu'une couche d'air séparait l'intérieur de l'ambulance de l'extérieur. Par cette disposition la chaleur était conservée.

Les ouvertures étaient toujours bien combinées pour faciliter l'aération. Chaque fenêtre avait son paravent.

Les bâtiments qui ont été reconnus les plus favorables pour y établir des ambulances étaient les églises. L'air y était suffisant. Mais ce n'est pas tant une grande quantité d'air par malade qu'il importe d'avoir, mais bien une grande facilité de le renouveler complétement.

Pour se trouver dans de bonnes conditions il faut au moins

2,500 mètres cubes à 3,000 mètres cubes d'air par malade et par heure.

Le transport des malades et des blessés doit aussi nous occuper.

Tandis qu'en France le transport des blessés laisse à désirer, je vois qu'en Allemagne cette question a été étudiée déjà depuis bien des années. En effet, les wagons de 4me classe ont été construits par ordre ministériel, de manière à ce qu'on puisse passer facilement d'un wagon à un autre d'un train composé de ces voitures.

Ces wagons devant servir au transport des blessés ont aux extrémités deux portes de sortie où, en laissant descendre un petit pont sur les tampons, les infirmiers et les médecins peuvent très-facilement porter leurs soins d'un bout du train à l'autre. Ce système nécessite peu de personnel pour soigner un grand nombre de malades, ce qui est un très-grand avantage.

La construction de portes sur les petits côtés des wagons a encore cet autre avantage, c'est de faciliter l'introduction des malades. Tels qu'ils sont entrés dans les wagons, ils peuvent y rester, car ils sont placés suivant l'axe du train, ce qui est la meilleure position pour un malade ou un blessé devant voyager.

Les dispositions intérieures des wagons à ambulances sont très-variées. Nous allons en faire connaître quelques-unes.

Dès 1868 l'armée prussienne avait à sa disposition plus de cent wagons-ambulances pouvant contenir 12 hommes parfaitement couchés.

Les matelas de ces voitures se composent de deux parties : l'une horizontale, l'autre, celle où le malade repose la tête, peut s'incliner à des angles différents selon le besoin. La suspension se fait au moyen de courroies de cuir adaptées à des bandes de caoutchouc, lesquelles sont fixées aux crochets d'attache.

Une autre manière, très-bonne aussi, de suspendre les matelas est de les placer sur des ressorts d'acier semi-elliptiques fixés dans le plancher. Ce mode a aussi été employé en Allemagne et a été très-apprécié.

J'ai vu aussi et admiré d'ingénieuses dispositions dans les wagons-ambulances que la Bavière a envoyés à Sedan pour ramener ses nationaux blessés.

Ces trains se composaient de 75 fourgons à marchandises.

Ces voitures sont de véritables ambulances, contenant quatre lits, deux de chaque côté. Le milieu est réservé pour le médecin ou l'infirmier. Les lits formés d'une paillasse et de bonnes couvertures de laine reposent sur la civière sur laquelle on a apporté le blessé. Cette civière formant fond de lit repose sur des ressorts en acier dans le genre de ceux dont j'ai parlé plus haut.

Le support du lit est très-intelligemment fait. C'est un simple plancher, mais qui peut, étant tiré par la portière et accroché au chassis, reposer sur le sol et former ainsi une montée facile pour le service.

Dans le milieu du wagon, il y a aussi une table où l'infirmier peut ranger du vin, de l'eau, des médicaments, du linge, etc.

Ces admirables trains, envoyés par les Bavarois, sont de ceux qui ont été le plus remarqués.

La seule critique qu'on a pu leur faire, c'a été de dire que le personnel nécessité par ces trains est nombreux. En effet, dans chaque voiture, c'est-à-dire pour quatre malades, il y avait au moins une personne, médecin, religieux ou infirmier.

Les blessés sont d'autant mieux soignés, peut-on dire, c'est vrai; mais ce système ne peut être employé que pour des trains isolés et non dans une organisation générale d'une armée où le personnel est relativement restreint.

Nous avons vu aussi de nombreux blessés et malades transportés dans des fourgons et amplement couchés sur des bottes de paille. Ces trains ne peuvent emporter que des militaires légèrement blessés.

Les wagons transportant les malades aussi bien que les

blessés doivent, comme les hôpitaux temporaires, être tenus propres, assainis et purifiés.

Le retour de certaines maladies épidémiques ou contagieuses a fait beaucoup travailler la question des désinfectants. Il s'agissait non pas de rechercher le meilleur mode de désinfection, mais un procédé efficace énergique et dont la méthode d'emploi fût simple, facile et à la portée des personnes même les moins initiés aux manipulations chimiques.

Des discussions nombreuses et savantes ont eu lieu dans différents pays sur la valeur de divers agents de désinfection. Aujourd'hui encore on n'est pas complètement d'accord pour désigner le plus efficace. Des rapports ont été déposés à différentes sociétés scientifiques; des brochures ont été publiées pour soutenir telle ou telle thèse. Laissons aux savants la discussion, mais profitons de leurs études et sachons en tirer une déduction pratique et utile pour tous.

Ici, nous ne voulons pas faire une étude spéciale des divers modes de désinfection, nous voulons simplement constater les services rendus par ceux qui ont été employés et donner ensuite notre appréciation sur ceux qui nous semblent mériter d'être choisis dans les différents cas que nous indiquerons.

Les agents principalement employés dans les hôpitaux, dans les ambulances et sur les champs de bataille ont été les suivants :

Le permanganate de potasse ;

La chaux ;

Le chlore ;

Le chlorure de chaux ;

L'acide phénique.

Nous devons, pour nous rendre compte de la bonne entente qu'il y a eu dans l'emploi de ces différents corps, diviser ceux-ci selon leurs propriétés d'action dans les cas de putréfaction.

Nous ne devons pas confondre les désinfectants avec les antiseptiques. Dans la classe des désinfectants, c'est-à-dire des désinfectants qui tuent les ferments, sont placés les oxydants et les chlorurants, le chlore, l'azote, les manganates et permanganates, l'acide phénique, les acides sulfureux et nitreux.

Le chlore, les acides sulfureux et nitreux par leur état gazeux sont assez dangereux. De plus leur production nécessite certaines connaissances de manipulations chimiques que n'ont pas la plupart des personnes employées dans les ambulances. Aussi, croyons-nous que ces agents ne peuvent être employés que dans les hôpitaux fixes. En effet, dans le personnel de ces institutions, il ne manque pas de personnes qui soient aptes à appliquer les divers moyens de désinfection indiqués par la science.

L'un des meilleurs agents pour purifier les salles infectées est certainement l'acide hypoazotique, mais les infirmiers qui en font usage doivent prendre des précautions, car les vapeurs (bioxyde d'azote) rutilantes sont très-dangereuses à respirer.

Voici les mesures que M. Payen, dans son rapport sur la désinfection des locaux affectés durant le siége de Paris aux personnes atteintes de maladies contagieuses, engage de prendre pour empêcher la propagation des épidémies.

Avant de commencer la désinfection, dit M. Payen, il faut calfeutrer soigneusement avec des bandes de papier tous les joints des croisées et des portes avant de produire l'acide hypoazotique. Voici, du reste, les doses admises :

Pour chaque lit et l'espace correspondant d'environ 30 à 40^m on se servira : Eau, 2 litres ;

Acide azotique ordinaire, 1,500 gr. ;

Tournure ou planure de cuivre, 300 gr..

On aura disposé d'avance pour ces quantités autant de terrines d'une contenance de 8 à 10 litres, qu'il y aura de lits ou de capacité de 30 à 40^m dans le local.

On versera dans chaque terrine l'eau et l'acide ; puis en commençant par la terrine la plus éloignée de la porte, on placera successivement et sans précipitation les 300 gr. de tournure de cuivre et les choses seront laissées dans cet état pendant 48 heures.

La réaction chimique donnera lieu à de l'azotate de cuivre

et à du bioxyde d'az. qui se transformera en vapeur ruti-
lante.

Après 48 heures, on entrera dans le local avec l'appareil
Galibert, lequel permet par sa provision d'air, de pénétrer
dans tous les endroits pleins de gaz dangereux, insalubres
ou toxiques et d'y séjourner même un quart d'heure ; on
ouvrira les fenêtres, cette ventilation éloignera toute trace
de vapeur nitreuse.

M. Payen, reconnaissant certaines difficultés à l'emploi du
mode précédent, en indique une foule très-efficace aussi et
à la portée de tout le monde et pouvant servir à purifier les
appartements sans aucun danger. L'un de ces procédés
consiste simplement à arroser les planchers ou lieux quel-
conques avec une solution composée d'acide phénique et de
20 à 30 fois son volume d'eau. On peut aussi humecter de
la sciure de bois ou corps pulvérulent quelconque avec un
tiers du poids d'eau phénique et de la répandre dans les
salles qu'on tient bien closes pendant 48 heures. Après ce
temps on établit des courants d'air pendant 24 heures.

Après une bataille, chacun des combattants enterre ses
morts sur place et enlève ses blessés. La sépulture qu'on
donne à ces braves est souvent insuffisante. Dans la nécessité où l'on se trouve de creuser souvent de grandes fosses
communes, on les fait parfois trop peu profondes. La hâte
avec laquelle on opère devient dans la suite un bien grand
mal pour ceux qui ont échappé au feu de l'ennemi. Ainsi
que de fosses n'ai-je pas vues en France où les corps à peine
recouverts de terre répandaient autour de ces sépultures
une odeur infecte et nauséabonde.

La question de l'assainissement des champs de bataille
est d'un intérêt sanitaire de premier ordre.

Différentes mesures ont été prises pour désinfecter les
fosses et plusieurs modes ont été suivis. Nous allons exposer
ces procédés et en discuter les avantages et les inconvé-
nients.

Rapportons d'abord les mesures qu'indiqua le comité
consultatif d'hygiène de Paris.

1° Élévation d'un tumulus en terre de 0ᵐ40 à 0ᵐ50 de

hauteur sur les fosses ou les tranchées renfermant un plus ou moins grand nombre de corps et ensemencer de plantes à végétation luxuriante et avides d'azote (l'Héliantus ou grand soleil est une plante précieuse au point de vue de sa faculté d'absorption des produits azotés et dont toutes les parties sont utilisables). Sa graine donne une huile douce excellente, ses feuilles font un bon fourrage et sa tige est un combustible léger et utile au chauffage des fours.

2° Exhumation rapide des cadavres isolés, désinfectés et placés dans une fosse creusée parallèlement et le plus près possible de la fosse ancienne et couchés sur un lit de chaux vive.

3° Culture et plantation des terrains dans la zone la plus rapprochée des sépultures.

D'après le comité d'hygiène de Paris, il serait dangereux de découvrir les fosses renfermant un certain nombre de cadavres déposés depuis quelque temps. Cependant nous devons dire que la commission chargée par le gouvernement belge, a procédé d'une façon complètement opposée à celle indiquée plus haut. La méthode belge est, je crois, plus radicale et plus immédiatement efficace. Elle donne un résultat sur l'heure, tandis que le procédé français repose simplement sur la confiance qu'on peut avoir sur la plus ou moins grande absorption des produits de la décomposition des matières organiques par certaines plantes.

Voici d'ailleurs la manière d'opérer des Belges :

On dégage d'abord autour de la fosse à assainir du chlore en grande quantité. Puis on met les cadavres à nu en prenant toutes les précautions possibles pour ne pas les remuer (*important*).

On coule ensuite du goudron dans la fosse et on le laisse s'infiltrer complètement. On verse une nouvelle couche de goudron puis par dessus celle-ci on répand du pétrole. On dépose aussi dans la fosse une brassée de bois qu'on enflamme.

Après la combustion qui durait environ trois heures, les cadavres étaient complètement incinérés. Il ne restait sur la fosse qu'une couche de brai qui avait encore son utilité, car elle empêchait la sortie d'émanations dangereuses. L'opération terminée, on jetait au fond de la fosse un lit de chlorure de chaux et on remplissait de terre qu'on battait convenablement. Ce procédé a très bien réussi et n'incommodait pas les travailleurs.

Nous croyons utile de rappeler ici les conclusions du rapport que MM. Liebreich, Schur et Wichelhaus présentèrent à la Société chimique de Berlin, après la guerre franco-allemande.

Voici ces conclusions :

Pour les endroits contenant des excréments ou des détritus, l'acide phénique sous forme de poudre, ou en solution, le sulfate de fer ou d'autres sels.

Pour les bandages, charpies, chiffons qui ont servi, on doit les brûler ou les enterrer avec du permanganate de potasse.

Pour les endroits fermés où se trouvent beaucoup de personnes réunies, enduire les murs d'acide phénique et de chaux, purifier en répandant des vapeurs acétiques.

Pour les champs de bataille, les cimetières, le chlorure de chaux, la chaux et activer la végétation. Se garder de remuer le terrain. L'eau potable doit être bouillie ou additionnée de petites quantités de permanganate de potasse. Les eaux stagnantes sont désinfectées par l'acide phénique ou par le sulfate d'alumine, ou un mélange de chaux, chlorure de magnésium et de goudron.

Le linge sale chauffé de 100 à 200° dans les fours de boulanger, afin de détruire les corpuscules organiques, etc.

Les personnes infectées par le contact doivent se laver avec une solution de permanganate de potasse.

Les prescriptions ordonnées et exécutées par les Allemands pour assainir les champs de campement et les lieux d'inhumation ont été excellentes et ont rendu de précieux services.

L'énumération de ces mesures se trouve dans le rapport du 28 mars 1871 du médecin chef d'état-major et du gouvernement, M. le docteur d'Arrest. L'étude que nous avons faite de l'organisation des services médicaux français et allemand et des moyens dont ils disposent nous conduit à cette conclusion que depuis 1854, le service des hôpitaux et des ambulances a reçu, il est vrai, un grand développement, mais que malgré les efforts faits pendant les dernières guerres nous sommes encore loin de pouvoir subvenir complètement aux grands besoins de ces malheureuses périodes.

Il y a des hommes qui croient à l'arrivée de la paix universelle. Cette pensée est belle, elle est généreuse, elle est digne des grands cœurs. Qu'on travaille à faire régner la paix entre les hommes, c'est bien. On ne saurait trop hâter le moment où la guerre, ce monstre dévastateur sera chassée à jamais du monde. Mais avant le lever de ce beau jour qui semble encore bien éloigné, attendons-nous à voir de nouveau un grand nombre d'hommes conduits les uns contre les autres pour s'égorger.

Peu de jours se passent sans qu'on voie apparaître un nouvel engin de destruction. Est-ce un mal? peut-être non. Plus les armes seront perfectionnées, moins les guerres seront longues, mais plus les combats seront meurtriers. Dans ces conditions, les moyens de réparer le mal qu'on fait avec tant d'art, doivent être proportionnels à ceux de destruction que possèdent les armées. Aussi pendant la paix nous devons travailler à améliorer le matériel des différents genres d'ambulance et des hôpitaux et nous appliquer à développer leurs ressources.

Argenteuil — Imprimerie P. Worms.

www.ingramcontent.com/pod-product-compliance
Lightning Source LLC
Chambersburg PA
CBHW050735070726
47597CB00009B/3933